Hans Heinrich Klatt

Erde will ich wieder werden

Gedichte aus einem halben Jahrhundert

Herausgegeben von Raimund Klatt
Abgeschrieben von Heiko, Horst und Raimund Klatt
Ausgabe 2014

Herstellung und Verlag:
BoD - Books on Demand, Norderstedt
ISBN 978-3-7322-9701-6

Vorwort

Hans Heini Klatt, der sich seit seinem 20. Lebensjahr Hans Heinrich nannte, wurde am 04.04.1930 in Ludwigslust (Mecklenburg) geboren. Er war das zweite von fünf Kindern und während der kriegsbedingten Abwesenheit des Vaters der älteste Mann im Haus. Schon sehr früh brachte er seine Gedanken in Gedichtform zu Papier. Als Jugendlicher schrieb er die Gedichte in ein Heft, welches die Zeiten überdauert hat. Das älteste Gedicht stammt von 1941, wurde also im Alter von 11 Jahren geschrieben. Viel beschäftigt er sich mit der Natur, oft mit Gott, dem Tod und reflektiert immer stärker politische Ereignisse aber auch ganz alltägliche Ereignisse „...Mutter mich hungert so sehr..." (1945).

Später schrieb er Texte für das Jugendkabarett „Halemi" die zwar aufgeführt wurden, jedoch leider nicht erhalten blieben. Anders als die Gedichte aus der späteren Jugend. Viele rezitierte und besprach er mit seinem Freund Fri(e)do Solter, dem späteren Regisseur des Deutschen Theaters. Nach Hans Heini Klatts Tod, wollte F. Solter ein Gedicht aus dieser Zeit geschickt bekommen. Da es recht typisch für einen großen Teil seiner Gedichte ist, gab dieses Gedicht der Sammlung ihren Titel „Erde will ich wieder werden" (1950).

Aus den sechziger Jahren sind nur wenige Gedichte erhalten. Seine Arbeit an der Akademie der Wissenschaften der DDR nahm ihn stark in Anspruch. Er schrieb einige plattdeutsche Gedichte, von denen einige in der Wochenzeitschrift „Norddeutscher Leuchtturm" veröffentlicht wurden. Er war oft zusammen mit Reinhard Weisbach unter den Organisatoren des Poetenseminars in Schwerin. Anfang der siebziger Jahre leitete er den Poetenklub im Haus der Jungen Talente in Berlin. Folgerichtig beschäftigen sich auch einige Gedichte mit der damaligen Lyrik (z.B. „Was soll das ? oder Der Rote Schwan", 1981). Immer stärker rückten politische Themen in den Mittelpunkt. Er sprach diese jedoch selten direkt aus, sondern erfand die Figur Felix Trottel. In den Felix Trottel-Gedichten sprach er alle möglichen Themen an, so in „Stalinist und Nazi": „...Hitler war nur der Arsch Stalins." oder regte sich in „Beeren" über verfaulte Erdbeeren auf. Meist spricht er in diesen Gedichten selbst als Felix Trottel. Für Dialoge wurde noch ein zweites Ich erfunden: Otto Knall. Briefe unterschrieb er oft abwechselnd mit Felix Trottel oder Otto Knall. Er lies also diese beiden in satirischer Form sagen, was er selbst so nicht sagen konnte oder durfte. Er erzählte, dass er etwa 50 Felix Trottel-Gedichte vernichtet hätte, damit sie der Staatssicherheitsdienst nicht findet. Ob dies stimmt ist ungewiss. Es fanden sich auf jeden Fall sehr viele davon wieder an. Manche lagen zusammen in einem Briefumschlag, andere einzeln unter anderen unwichtigen Zetteln. Hans Heini hat alle Kontoauszüge und sehr viele Fahrkarten seines Lebens aufbewahrt. Es musste beim Sortieren seiner Sachen jeder angeschaut werden, da auf einigen Rückseiten Gedichte standen.

Viele seiner Gedichte warten noch darauf, abgeschrieben zu werden. Die hier vorliegende Sammlung stellt nur einen kleinen Teil der vorhandenen Gedichte dar. Sie gibt einen lyrischen Überblick über 58 Jahre Leben (von 1941 bis 1999). Da viele politische Ereignisse reflektiert werden, gibt sie auch einen Überblick über die politische Entwicklung der Zeit und des Menschen H. H. Klatt. Bis auf die plattdeutschen Gedichte handelt es sich ausnahmslos um unveröffentlichtes Material. Die plattdeutschen Gedichte wurde außer in der schon erwähnten Wochenzeitschrift auch in der Schweriner Volkszeitung und im „Voss un Haas"-Kalender gedruckt.

Einige Stellen der Gedichte waren unleserlich. Sie sind gekennzeichnet. Anmerkungen von H. H. Klatt wurden meist nicht übernommen. Viele Gedichte –insbesondere die älteren- waren ohne Überschrift. Einigen habe ich Überschriften gegeben, die meistens aus der ersten Zeile stammen.

Hans Heinrich Klatt starb am 14.11.1999 in Potsdam.

Ich wünsche den Lesern beim Stöbern in den Gedichten und beim Entdecken einer sehr vielfältigen Persönlichkeit viel Spaß.

20. Dezember 2002   Raimund Klatt

Frühling

Der Junker Frühling geht durch das Land;
Grüne Farben hat er in der Hand,
um die Bäume grün zu machen,
um die Blümlein aufzuwachen.

Auch bei uns Menschen ist er bekannt,
wenn wir wandern Hand in Hand.
Hört die Bäume wie sie rauschen,
seht die Blumen wie sie lauschen.

(Frühling 1941)

Bienlein

Ein emsiges Bienlein flog von Blüte zu Blüte;
summ, summ, summ.
Es sog aus ihren Kelchen den Honig heraus;
brummm, brumm, brumm.
Damit flog es ins Bienenhaus;
summ, summ, summ.
Und immer neue Bienen flogen aus;
brummm, brumm, brumm.

(April 1943)

Der Wächter

Nach einer Weise:
Heraus aus den Betten, ...

Hinein in die Betten, hinein, hinein,
der Mond über`m Dache will auch mal Wächter
sein.
Die Vöglein unter`m Himmel die schlafen schon in
Ruh`.
Die Kühe im Stalle tun ihre Augen zu.
Hinein in die Betten, hinein, hinein,
der Mond über`m Dache will auch mal Wächter
sein.

Hinein in die Betten, hinein, hinein,
der Mond über`m Dache will auch mal Wächter
sein.
Die Hühner auf den Stangen die nicken schon zu.
Die singenden Knechte geh`n auch bald zur Ruh`.
Hinein in die Betten, hinein, hinein,
der Mond über`m Dache will auch mal Wächter
sein.

(April 1943)

Oben und Unten

Da oben wohnen die Sterne,
da oben wohnet der Mond;
da hinten in der Ferne,
die Sonne hoch oben thront.

Hier unten wohnen die Menschen.
Hier unten wohnet die Not.
Da oben wohnet Jesum.
Da ob`n waltet Gebot.

Drum lasset Frömmigkeit gelten,
dass wir das Himmelreich seh`n.
Die Herrscher irdischer Welten,
müssen alle einmal vergeh`n.

Doch vergesset über den Himmel
auch nicht die Erde selbst.
Die deutschen Fahnen am Himmel
wozu du Deutscher hältst.

(November 1943)

Wodeons Streich

Waffenklirrend durchs dichte Tann
reitet ein Söldnerhaufen.
Wodeon reitet allen voran,
zu greifen die Feind die entlaufen.
Kerzengrad` sitzt er, wie ein Baum,
auf seinem lustigen Pferd.
In der Linken hält er den Zaum;
in der Rechten den Speer.
Als die Schar an den Waldesrand kam,
gebot Wodeon zu steh`n.
Die bloßen Schwerter blinken in der Fern,
das ganze in Staub dicht gehüllt.
Doch allen voran weht als Banner ein Stern;
der die Söldner mit Haß erfüllt.
Da spornt Wodeon sein treues Pferd,
das laut wiehernd und schnaubend
über die Ebene fährt.
Die Söldner als wären es tausend.
Der letzte der Feinde, es triff ihn ein Schlag;
gespaltet vom Roß er nun fällt.
Sag mir, von wem er herrühren mag ?
Von Wodeon unserem Held.

(Januar 1944)

8

Gott der Leitende

Wenn die Vöglein jubilieren,
muß der liebe Gott diktieren.
Wenn die Menschen singen,
müssen die Engel Gottes die Weise bringen.
Wenn wir führen Krieg,
leitet Gott den Sieg.
Ist der Krieg zu Ende, falten wir die Hände;
Und beten zu Gott
Das große Lob.

(August 1943)

Ruf am Morgen

Wach`auf du Menschheit;
Der Tag bricht an!
Flink an die Arbeit;
Das Werk muß getan!
Der Hammer muß schwingen,
die Motore singen,
die Sense muß schneiden das
goldgelbe Korn.
Drum, Bruder, faß`an
das Werk muß getan !!!

(Januar 1944)

Spruch zur Arbeit

Ein stählener Wille und eiserne Hand
sind mehr wert als Silber und Gold.
Wer diese großen Tugenden hat,
dem bleibt das Glück immer hold.

Ja, hat der Mensch noch soviel Gold,
das Dasein ist träge und hohl;
wenn jeder Mensch doch arbeiten wollt!
Arbeit ist des Menschen Symbol.

Und erscheint die Arbeit noch so groß,
der Anfang ist schwer aber viel.
Die Hände gehören nur abends dem Schoß.
Wohlstand und Glück ist des Menschen Ziel.

(Februar 1944)

Richtspruch

Wer immer nach dem Höchsten strebt
und braucht seiner Arme Kraft,
die Arbeit vor ihm als Sinnbild schwebt,
hat über sich selbst die Macht.

Wer aber immer hinter'm Ofen sitzt
und lässt vom Anderen sich nähren,
der bleibt zeit Lebens ein Nutzenichts,
nie wird er sich männlich wehren.

(Februar 1944)

Christenglauben

Warum hab´ ich nur solche Angst,
obwohl Gott stehet mir bei?
Weil du nur um dein Leben bangst,
doch der Tod lässt auch dich nicht frei!

Ein jeder muß einmal sterben,
in´s Himmelreich kehren ein.
Das Himmelreich zu erben,
will ich gestorben sein.

Dann könn´t ich endlich ruhen,
von der Reise durch die Welt.
Ich hätt´ nichts mehr zu tun
in der verrückten Menschenwelt.

(März 1944)

Frühlingsnahen

Ich hab´ es nun vernommen,
der Frühling rückt heran.
Eh´ er zu uns gekommen,
hat er den Winter geschlagen.

Es jauchzt das Herz in der Brust,
der Frühling kommt, der Frühling naht,
das Herz hat es schon lange gewusst,
daß der Lenz gerufen hat.

(18. März 1944)

Maienlied

Maienluft, Blütenduft
liegt über Wiesen und Felder.
Sonnenschein, linde Luft
schwebt über Raine und Wälder.

Gänseblümchen und Vergißmeinicht
leuchten in hellen Farben.
Vöglein singen unter blauem Himmel,
alles ist voller Erwarten.

Maienluft, herrliche Luft,
nie wird des Lobes zuviel.
Leben erwachet, Leben voll Lust,
Leben voll Sonne und Freud.

(1. Mai 1944)

Sommertag

Aus den Wiesen steigen Düfte;
Bienlein sammeln Honig ein.
Adler schweben in die Lüfte;
Alles glänzt im Sonnenschein

In den Wiesen gluckst der Bach
Munter seine Weise;
Ein silbern Fischlein schwimmt darin.
Grillen zirpen in der Heide.

(Sommer 1942)

Gedankensplitter über die Dummheit

Dumm ist nicht der, der etwas nicht weiß,
sondern der, der es weiß und nicht danach handelt.

Ein dummer Mensch hält seinen Nächsten für
dumm.

Ein Dummer lacht über alles, weil er nicht weiß
Was falsch oder richtig ist.

(13. Februar 1945)

Der ewige Streiter naht.

Heimlich, leise   Heimlich, leise
Legt der Lenz   singt der Lenz,
seine Hand   noch versteckt
übers Land.   Eine Weise.

Ewiger Streiter,
jetzt bist du so nah.
Meine Seele ruft jauchzend;
Der Lenz ist bald da.

Heimlich, leise
Im zarten Gras
Läutet was:
Frühling, Frühling.

(19. März 1945)

Frühlingsbotschaft.

Hinaus, hinaus in Wies`und Wald!
Der Frühling ist erschienen.
Kommt, lasst uns tanzen, lustig springen;
Der Frühling ist nun da.

Die Lerche hoch im Himmelsblau
Singt voller Lust und Wonne.
Ein Bächlein murmelt schnell zu Tal
Und leis`ertönt der Wiederhall:
Der Frühling ist nun da.

Ein munt`res Rehlein hüpft und springt
So frei und fröhlich durch den Wald.
Und wie dem lust`gen, flinken Tier,
so schlagt mein Herz auch laut in mir:
Der Frühling ist nun da.

Ludwigslust   (Sonntag, d. 24. März 1945)

Frühlingsklang.

Leise klingt ein zartes Läuten
Hoffnungsvoll durch mein Gemüt.
Es flüstert mir von nahen Tagen,
von Frühling, Sonnenschein und Lieb`.

Es kündet mir von Lust und Leben;
Von Glück und frohem Vogelsang.
Ach, laß es klingen, laß es läuten.
Es träumt sich schön im Lenzenklang.

(30. 3. 1946)

Frühlingslied.

Zartes Gras sprießt aus der Erde;
Neues Leben nun erwacht.
Das Gotteswort: Es werde!,
hat die Welt so schön gemacht.

Überall auf Feld und Wiese,
überall in Wald und Au
erwachet nun ein neues Leben,
von Erden bis zum Himmelsblau.

(30. 3. 1946)

(.)

Junker Lenz sein grünes Band
windet nun um Wies` und Wald;
streut mit sanfter, warmer Hand
Blumen aus auf Feld`und Hald`.

Kündet Leben, bringt die Liebe
wieder ein in jedes Herz.
Blumen, Gras und junge Triebe
scheuchen fort nun Not und Schmerz.

Schäfchenwolken lustig wandern
droben hin am Himmelszelt.
Und wie mit Vöglein und den Wolken,
ist es auch um uns bestellt.

(30. 3. 1946)

Frühling

Warm sendet die Frühlingssonne ihre ersten Strahlen auf das Land und erweckt die Blumen und Gräser zu neuem, fröhlichem Leben.
Sträucher und Bäume strecken behaglich ihre Äste in den warmen Schein.
Neugierig knüpft eine junge Knospe ihren Mantel auf und guckt entzückt in die neue Welt.
Ein Igel reckt seine Glieder und kommt langsam aus dem Blätterhaufe hervor, der seine Winterheimat gewesen war.
Ein flinkes Reh hüpft munter durch den Wald.
Hoch oben im Himmelsblau singt ein Vogel aus voller Brust und kündet den jungen Frühling an.
Eine Lerche fliegt jauchzend `gen Himmel und dankt dem Schöpfer für die große Tat.

(30. März 1946)

Spätherbst

Krächzenden Flugs streichen die Krähen über das schweigende Land. Einsam steht eine knorrige Eiche im herbstlichen Schmuck am Rain.
Ein schlankes Reh äugt traurig durch den schlafenden Wald und träumt vom Sommer, dem entschwundenen. Blumen und Gräser sind zur Ruh` gegangen und schlummern warm im Schoße der Erde. Die Vögel schweigen. Kein lustig Lied erfreut mehr den einsamen Wand`rer, der müde und traurig seines Weges zieht.

(Herbst 1944)

Vom Himmel kommt die Engelschar.....

Vom Himmel kommt die Engelschar
Und bietet reine Gaben dar;
Trägt strahlend, gold`nen Kerzenschein,
in jedes Menschenherz hinein.

Sie predigt Jeusus Christus Wort
In jedem heil`gen Christenhort.
Sie predigt rein, so stark und klar,
wie Jesus Christ geboren ward.

D`rum lasst uns gehen in den Hort,
wo `predigt wird das Gotteswort,
in dieser heil`gen, Christennacht
und hören zu voller Andacht.

(Weihnachten 1945)   Melodie: Vom Himmel hoch

Erkenntnis

Ach, wie schnell die Zeit vergeht,
wenn man das Leben liebt.
Ein Tag, oh, eine Ewigkeit,
wenn dir der Sinn betrübt.

Die schöne Jugend schnell verrinnt;
schon ist sie längst verblüht.
Das ernste Leben nun beginnt
mit Kampf und Arbeit und – der Sünd.

Ein kleines Stimmchen flüstert erst
dir leise in`s Gewissen.
Dann wird sie lauter und immer stärker:
Die Lust, die Lust wirst du vermissen.

„D`rum geh`- sei doch kein eitler Narr-
und kaufe dir die Lust.
Trink doch leer den Kelch des Lebens!"-
Die Seel` zerreißt sich in der Brust.

Doch eine Stimme ist noch stärker.
Das ist die Stimme der Vernunft.
Und diese kämpft wie ein Besserker
um jede Seel`, die nun ächzt dumpf.

Doch ach, der Tod erst bringt
den Sieg des letzten Klangs.
Solange kämpft der Mensch und ringt
sein ganzes, armes Leben lang.

(4.4. 1946)

An Deutschland

Lasset das Banner nun wehen,
das Banner der Einheitspartei.-
Deutschland wird neu entstehen,
denn endlich ist es nun frei.

Glück und Friede lasst walten
im neuen Deutschen Reich.
Deutschland, laß` dich nicht spalten;
steh` wie eine knorrige Eich`!

Vereint `drum die beiden Parteien
des Friedens, der Arbeit, des Glücks.
Denn es kämpft sich zu zweien
besser für unser Geschick.

(6.4. 1946)

Mahnung

Brüder, in eins nun die Hände!
Brüder zum Kampfe bereit!
An dieser Zeitenwende
zählen nur Taten und Schneid.

(6.4. 1946)

Sterne

Du schöner Stern der dämmern-
den Nacht; göttlich und strahlend
hebst du dein glänzendes Haupt
aus der Wolke.
Ruhig schreitest du deine ewige
Bahn. Was weißt du über das
Schicksal der Menschen? Sag, was
bringt uns die Zukunft?
Du schweigst, Bote des Ewigen?
Stern der dämmernden Nacht. Wann
offenbarst du uns deine Weisheit,
deine Ewigkeit?

(17.4. 1946)

„ − "

Oh, Herz flieg aus in dieser Zeit
und suche mir mein Glück.
Ach, mein Glück, das ist so weit
und kehrt wohl nicht zurück.

Mein Herz, das fliegt von Ort zu Ort.
Doch ach, es findet nicht
wovon mein Mund fort und fort
in stiller Sehnsucht spricht.

Das Glück, das ist für mich nicht da.
Ich weiß nicht, warum mir das geschah.

(2. Juni 1946)

Politische Ode

Oh, Deutschland, heiliges Vaterland,
sie wollen Dich zerreißen.
Deine Feinde, die Deine Söhne sind.
oh`, Deutschland.

Es ist Dein böses Schicksal, daß
Deine Söhne sich nie einig sind
und jeder ein Herr sein will
und hat zu regieren.

Kämpfe für die Einheit, Vaterland,
Deutschland, nicht mit dem Schwert,
sondern mit der Stirne, denn Du bist
das Land der Dichter und Denker.

Die Freiheit, Deutschland
erkämpfe Dir auch, die edle,
denn Du kannst ohne Freiheit nicht leben,
wohl ohne König.

Die Völker der Erde, sie hassen Dich
Deutschland, weil Du nicht sahest,
den Teufel in Hitler,
Deinem Vernichter.

Deutschland, werde das Land des
Friedens, der Freiheit und der Einigkeit, denn
Du mußt zeigen, daß ein böser Geist Dich hatte
verzaubert zwölf Jahre.

Deinen Kredit, Vaterland
hast Du verloren. Hitler hat ihn verspielt.
Zeige, daß Du des Kredites noch würdig bist,
Deutschland.

Deine Dichter haben zuerst gesungen das Lied
von der Freiheit in Europa, doch das Volk,
das gemeine war für die Freiheit zu dumm,
der wahrhaftigen.

Deutschland, Du wirst immer besiegt mit
der Waffe, nie aber mit dem Geist,
den erhabenen, die Waffe der
heiligsten Götter.

Darum halte dich fern, Deutschland vom
Schwerte in Zukunft. Erdulde den Spott
der vielen Besieger. Es spottet nur der, der sich
seines Sieges nicht sicher.

(29. Mai 1946)

Mahnung!
Nur Mut, nur Mut, du Bruderherz;
pack das Leben feste an,
überwinde Not und Schmerz,
sei ein ganzer Mann!

Zeige Sturm und Hunger mutig Deine Stirn.
Weis`dem Tod die festentschlos`ne Faust.
Kämpfe nur mit Kopf und Hirn,
wenn Du Deutschland bau`st.

(5. Juni 1946)

Erfüllung.

Säufzend singt die Nachtigall,
einsam klingt es durch die Nacht.
Ach, wie schön ist`s, wenn die Liebste
froh in meinen Armen lacht.

Weiches Schwarz uns sanft umhüllt,
leise Winde säuseln sacht.
Meine Wünsche sind erfüllt,
wenn die teure Liebste lacht,
wenn ich spür im scheuen Dunkel
einen heißen Mädchenmund,
und zwei sehnsuchtsvolle Herzen
vereinen sich zum Liebesbund.

(17. August 1946)

Der Sinn des Lebens.

Wild, auf zum Lichte
drängt die Blume
im Schoße der Erde
und weiß nicht,
daß sie geboren wird
um zu sterben.

(17. August 1946)

Bekenntnis.

Ich liebe alles Schöne,
alles Gute auf der Welt:
die Biegsamkeit des fraulichen Körpers,
die göttliche Sänfte
des reifenden Mädchens,
die heilige Keuschheit
des Jünglings,
die Reife des Mannes
und das gottesnahe Antlitz
des Greises und der Greisin;
den Arbeiter im schlichten Kleide,
die zarte Blume auf
grüner Wiese,
den Adler in hoher Ferne,
den braunen Acker
in herbstlicher Ruhe,
das blühende Kornmeer
und den Schnitter im Feld.
Das alles liebe und verehre ich
mit den heiligsten Gefühlen
und Empfindungen.
Das ist es, was mir das Leben
lebenswert macht.
Daraus schöpfe ich neue Kraft,
wenn mir das Leben arg zugesetzt hat
und erkämpfe, spielend den Sieg;
denn das Schöne und Edle
siegt immer.

(29. Sept. 1946)

Ich will leben

Das Leben will ich,
die Liebe, das Schöne.
Ich will die Süße
des Mädchens spüren;
sie soll mich in
meine Traumwelt einführen.
Sie soll mir alles
Schöne zeigen:
die göttliche Lust,
das göttliche Leiden.
Sie soll mich lieben,
denn ich will leben
und ich werde ihr
den Adel geben.
Und Lieben ist Leben,
gottgewollt,
von Gott gegeben. –
Mein Blut pocht so laut:
ich will lieben,
ich will leben.

(20.Okt. 1946)

Hoffnung.

Wenn alle Welten,
die mühsam aufgebaut
zerfallen vor den
leeren Augen des Menschen,
naht gleich einem großen
Vogel mit weichem
Flügelschlag die Hoffnung,
und erfüllt ihn
mit großer, neuer Kraft,
die er einsetzt,
um nicht noch einmal
zu stranden im
wütigen, unerbittlichen
Lebenskampf,
und steigt stolz zu
neuem Lichte empor,
und wähnt, daß er
geschaffen hat das Licht,
das so hell nun leuchtet.
Aber es war die Hoffnung,
die Hilfe der nie geschehenen
Kraft, der Geist, der die
Menschen liebt
und die Welt in
neuem, strahlendem Lichte
erscheinen läßt.

(20. Dez. 1946)

„ ‒ ”
Nun geht die Erd` zu Ruhe
und deckt sich sorglich zu
mit weißem, reinen Leinen, –
schlaf` gut, Frau Mutter, du.

Du hast so gut gesorget
für uns das ganze Jahr,
du hast uns all` genähret
und tust es immerdar.

Wir zehren von dem Segen,
von all` den guten Tagen,
die du uns hast gegeben. –
Geh`, Mutter, geh` nun schlafen.

Im Frühling tust du wieder,
ich weiß es ganz genau,
wenn blüht der weiße Flieder,
die blauen Augen auf.

(20. Dez. 1946)

Kleines politisches Gespräch

Mensch: Was ist ein Kulturstaat?
   Oh, sagt mir das:
Politikus: So höre!-Auf hoher Kul-
   turstufe steht das Volk, das
   ohne Einfluß einer Partei das
   Gute vom Schlechten zu unter-
   scheiden vermag.
Mensch: Wie meinst du das? Dein
   Wort hat sicher noch einen
   and`ren Sinn?
Politikus: Ja, habt acht!- Ich mein`
   damit ,dass es gar keine Parteien
   geben braucht. Aller Haß und
   Streit geht nur von den Parteien
   aus. Doch soweit ist die Mensch-
   heit erst, wenn die Vernunft, die
   Kultur ein Machtwort hat
   gesprochen.
Mensch: Ich versteh` nun. Doch du
   wagest deinen Kopf.

                              (6.4. 1946)

Gedanken

Ach, was soll ich denn noch hier
auf der schnöden Welt?
Das Herz will mir zerbrechen schier
vor all` dem Unrecht und der Gier
der kleinlich dummen Menschen.

Ich seh` ein schönes, grünes Tal
in himmlisch, weiter Ferne.
Dort kann vergessen man die Qual;
könnt ich wählen, so würd` die Wahl
den Ort, den ewig grünen treffen.

(18.4. 1946)

Bitte an die Götter

Ich möchte einmal lachen,
von Herzen lustig sein;
mich an meiner Jugend
ein einzig Mal` erfreuen.

Doch ach, das Schicksal schenkte
mir nicht die Gottesgab.
Statt dessen, weh` mir, senkte
mir es viel Schmerz herab.

Ich klag` dich an du Himmel.
Ich bitte den Olymp
dass ich im Weltgetümmel
ach, einen Freund bald find.

Warum soll ich denn gehen
alleine durch die Welt!
Wer hat mir so viel Elend
auf Erden nur bestellt?

Ach, Theseus, Held von Griechen-
land,
Besieger vieler Bösen.
Kannst du mit deiner starken Hand
von Schmerz und Not uns nicht er-
lösen?

(18.4. 1946)

Was nützt denn all` das klagen

Was nützt denn all` das klagen
du dummer, armer Tor.
Deinen Schmerz, den musst du tragen
alleine, jetzt wie vor.

Das Unrecht musst du trinken
Schluck für Schluck allein.
Wenn du tust`s überwinden
wirst du auch glücklich sein.

Was ist denn Not und Elend;
der Teufel soll es holen.
Stürtze mutig ihnen entgegen
mit einem; Gott befohlen!

(18.4. 1946)

Säe, Du Bauer...

Säe, Du Bauer
den Samen in`s Land,
den Samen der Zukunft
mit schaffender Hand

Viel` Herzen begleiten
Dein heiliges Tun.
O, Bauer, bedenke,
Du bist es nun.

Die Quelle des Lebens,
der Deutschen Nation,
ein Kämpfer des Volkes,
der Arbeit Sohn.
D´rum Bauer, vernehme den
eherne Ruf
den Ruf der Zeit,
die das Elend schuf:
Auf`auf! arbeite und sei bereit,
zu bauen ein Deutschland
das stark und gut.
Reich`Deine erprobte und harte Hand
und kämpf` für ein Deutschland
voll Willen und Mut.
Schreite trotzig und stark
über Deine Erde,
damit ein neues Deutschland werde.

(25. Mai. 1946)

Sturm

Wilde Reiter jagen am Himmel.
Heulender Sturm braust über`s sich
duckende Land.
Am Horizont in dunkler Ferne,
droht eine gewaltige, schwarze Wand.

Der Sturm sitzt den rasenden Reitern
im Nacken, es deckt sich der Himmel
mit Schwärze zu.
Im Walde ein unheimlich Knistern
und Knacken;
eben lag über alles noch Ruh`.

Jetzt haben die Reiter geschlossen
die Reih`n, ein finsteres Schwarz
deckt die Erde ein.-
Ein Krachen, ein Bersten erfüllt das Ohr,
es warf den Hammer, Wettergott Thor.

Ein Flammenschwert zuckt am schwarz-
satten Himmel.
Es rast über`s Land ein furchtbares Wetter.
Es harren die Menschen in Ängsten und
Furcht.
Donner und Blitz! Es rasen die Götter.

(26. Mai. 1946)

Hört es singt uns eine Knospe
von dem Werden einer Blume;
von dem Glück der Fruchtbarkeit
sagt uns eine Ackerkrume.

Eine Tanne rauscht uns leise
vom dem Sein des Waldes zu.
Alles Wirken dieser Kräfte
gibt dir sanfte Herzensruh.

Denn du fühlst dich eins mit allen,
bist ja selbst ein Teil des Blühens.-
So wie eine Blume werden,
darum sollten wir uns mühen.

Apr. 50

Vertrauen

Da es Sommer war
und viele Blumen blühten,
wähnte ich,
es sei vermessen zu glauben,
dass eine der schönsten
für mich ganz allein
die leuchtende Blüte trägt,
dass es nur
eines festen Wollens bedürfe
und sie sich
beglückend mir darböte.

Nun da es Herbst wird
und Sommers Erfahrung
sich zeigen sollte
in kräftigen Früchten,
ist kalt die Erkenntnis
und schmerzvoll zugleich,
dass für mich keine Frucht kam,
da ich nicht gläubig der Blume vertraute.

Okt. 51

Es gibt viel Leid in dieser Welt

viel Bitternis und Not.
So mancher der die Hand aufhält,
greift bitt'res Lebensbrot-
und mancher blickt in stummer Angst
hinaus in dunkle Nacht.....

Das Bruderleid ist doppelt schwer,
weil Brüder es gemacht.
"Wir sollen endlich Menschen sein"
hat mancher stumm gedacht,

und mancher hat es laut geschrien
aus weltenweitem Schmerz;
doch dieser wurde angespie'n,
so war es allerwärts.

Es gibt viel Leid in dieser Welt,
und Brüder sä'n es aus.
Ein jeder wohl vor jedem hält
verschlossen nun sein Haus.

Und dennoch keimt in warmer Hut
manch stilles Weizenkorn
in wildem Kraut und rauhem Dorn
und - Brüder sä'n es aus.

Und wenn erst das große Fragen beginnt,
sich stetig in Qual neu gebärend,
wenn schmerzlich der Sucher auf Antwort sinnt,
sich selber nie Ruhe gewährend;
dann stürzt es herab das unendliche Leid
auf Leben und Dasein und Sinn,
und wird wie die Welt so unendlich und weit,

verbergend, was alles darin.

So frage doch endlich nicht mehr wie die Nacht,
die ganz nur aus Fragen besteht.-
Der Stern aber wurde als Antwort gedacht,
der schlicht nur erstrahlt und vergeht.

Um euern stillen festen Sinn,

Baum und Blume,
ach, wie sehr ich euch beneide
Ist in euch doch tief vereint
worum ich so schmerzlich leide:
Sinn und Dasein.
Mir ist oft in tiefer Nacht
schon der Wunsch anheimgefallen
nur ein schlichter   Baum zu sein
und wie Wipfelwehn zu lallen.

(Mir ist oft in tiefer Nacht
. schon der Wunsch ins Herz gefallen
wenn ich war ein einzig Lauschen
auf den Sinn des Menschensein
mein Nur-hier-auf-Erden-sein
so wie Wipfelwehn verrauschen.)

Vor meinem Fenster flammt der Wein
Rotgolden Melodien.
Sie kommen nah zu mir herein.-
Gedanken ziehen
wie Lieder durch mein Sein,
wie Lieder aus dem wilden Wein,-
Rotgolden, leise
Singt nun der Herbst sein Lied,
klingt bunt die Weise,
die das Auge sieht,
rotgolden, still und weise.

13.10.54

Wir schweben alle auf den Flügeln
des Ungewissen in das Sein
und nichts ist fest, das ganze Dasein
ist nur Denken, Sinn und Schein.
Und uns ist es anheim gefallen gegeben
den festen Punkt in uns allein zu suchen.
Es hilft kein Weinen und kein Zagen,
kein Schmerzensruf und unverständig Fluchen
löst uns den Sinn des allverlassenen auf.
Gestirne, Mond und Sonne
vollenden stets den vorgeschrieb'nen Lauf.
An uns liegt es
den unsern zu bekennen
und aufwärts Schritt für Schritt
den Grat des Lebens
zu erklimmen

M a i 55

38

Winterwunder.

Lieblich, weißes Winterwunder.
Millionen Sterne glitzen;
Hunderttausend Diamanten,
Eiskristalle, Perlen blitzen.
Diademe und Korallen
funkeln hell in weiter Rund.
Sternchen fein vom Himmel fallen,
tun uns ihre Schönheit kund.

(8.Febr. 47)

Einsamkeit

Einsamkeit umfängt mich wieder.
Oh, mein Herz ist so betrübt,
und ich widme meine Lieder
allem, was hier lebt und liebt.

Aus des Herzens tiefs`tem Grunde
quellen meine Weisen mild,
formen sich auf meinem Munde
zu dem holden Wahngebild.

Ich möchte Dir die Wangen kosen,
möchte` an Deinem Busen ruh`n;
schenken würd` ich alle Rosen
Dir, die auf der Erde blühn. –

Und ich stürzte mich ins Leben,
suchte Dich, du feines Kind.
Ach, mein Leben würd` ich geben,
wenn ich Dich, Du Schöne, fänd. –

Müde bin ich nun vom Suchen,
weine bitt`re Tränen viel.
Unerhört blieb all`mein Rufen,
und das schöne Bild zerfiel.

Einen spitzen Pfeil im Herzen
ging ich in mein Kämmerlein
und besiegte Wahnsinnsschmerzen,
Angst, Verdruß und Höllenpein.

Einsamkeit, Dich grüß` ich jauchzend,
Du erfüllest mein Begehr.
Freiheit, Freiheit will ich haben,
Traumbild Dich, und sonst nichts mehr.

(8.Febr. 47)

Mädchengedichte

Gib mir einen Kuß

Schön`s Mädchen, gib mir einen Kuß.
Komm, schau` mir in die Augen.
Wenn Tränen drin sind, perlengleich,
dann will ich froh Dir glauben.

Lieb`s Mädchen, gib mir einen Kuß,
komm laß` Dein Herz mich fühlen.
Wenn`s stürmisch schlägt, so laut und heiß,
ich Gott im Himmel dankbar preis`,
dann hab` ich ein Lieb`s Buhlen.

Hold`s Mädchen, gib mir einen Kuß,
laß` mich Dein Antlitz schauen.
Ist`s traurig fein und marmorbleich,
ich Deine Lieb` will trauen.

(15.Febr. 47)

Sterbetag

Ich will nicht einsam sterben
in meinem Kämmerlein;
ein Märchenfest mein Sterbetag soll sein.

Im Walde will ich liegen.
Mein Liebstes soll bei mir sein.
Meine Tränen werden versiegen,
vorbei sein wird Schmerz und Pein.

Ganz stille wird es werden,
wenn der schöne Jüngling erscheint.
Ich werde mit ihm gehen,

auch wenn mein Mädchen weint.

Ach, Mädchen, lache noch einmal.
Ich höre Dein Lachen so gern.
Laß` doch das viele Weinen.
Oh, bald bin ich so fern.

D`rum lasset uns heute noch küssen;
Drück` mich an Dein treues Herz.
Ich werde doch sterben müssen.
Vergiß` Deinen heißen Schmerz.

Hör` doch, die Bäume rauschen
mir zu ein liebes Ade.
Ich möchte mit niemanden tauschen.
Nur um Dich tut es mir weh.

Hör` doch, die Elfen singen
ein liebliches Liebeslied.
Sieh` doch, die Rehlein springen.
Die Welt ist in sich selbst verliebt.

(Febr. 47)

(–)

Eine einzige Nacht nur weine
um mich Du liebes Kind.
Dann küsse einen andern.
Ich weiß, dass Du einen find`st.

Die Tannen werden schweigen,
wenn ich dann scheiden muß.
Die Vöglein auf den Zweigen
werden Trauerlieder singen.

(16.Febr. 47)

Ich warne Dich

Ich warne Dich, Du schönes Mädchen,
sieh` mich nicht so schelmisch an!
Ich nehm` Dich sonst in meine Arme;
Mädchen, Mädchen! – und was dann?

(16.Febr. 47)

(–)

Es führt ein Weg in`s Paradies,
den sind schon viele gegangen.
Doch wer den Weg nicht sicher weiß,
der wird vom Teufel gefangen.

(16.Febr. 47)

Mein Mädchen

Mein Mädchen ist so wunderfein,
so lieb, so gut und schön.
Sie hat ein rotes Mündchen klein
gar lieblich anzuseh`n.

Ihr` braune Äuglein blicken mild,
ihr Hals ist schwanengleich.
Ihr Busen ist fein Lilienweiß,
so süß und sammitweiß.

(26.Febr. 47)
Ein Sohn des „Sphärensausens"

Mamorbleiches Mädchen

Sag`, du marmorbleiches Mädchen,
warum blickt dein Aug` so trüb?
Komm doch zu mir, schönes Mädchen,
ich hab dich so herzlich lieb.

Dein lieber Bub` hat dich verlassen?-
Gräm` dich nicht so sehre.
Trockne deine Augen schnell,
schad` ist jede Zähre.

(26.Febr. 47)

Sammlung „Erde will ich wieder werden"

Der weise Mond

Leuchte goldener Mond;
spende der Menschheit dein Licht
und erhelle die dunklen Nächte!

Du bist des Einsamen Trost,
der bang die Nächte durchwacht.
Majestätisch und mild
schaust du auf Erden hernieder
und lächelst – wie mich dünkt –
über der Narren Elend,
die im stinkenden Drecke
sich wühlen
und die Krone der Schöpfung
sich nennen.

Ja, du Weiser der Nacht,
lache nur, sei majestätisch und mild.
Du weißt`, das Leben ist –
gründlich durchschaut –
nur Widerspruch,
und die Welt ist ein Tollhaus.

(25.Febr. 47)

Heidi

Was kümmert mich Geld,
was kümmert mich Gut,
was kümmert mich Ehre und Ruhm. –
Heidi gar lustig und freih
durcheil` ich die Welt.

Was kümmert mich das Geschwätze der Leut:
Morgen ist morgen
und heute ist heut`.

Heidi, lustig, hoppla hopp ! –
flink durch die Welt
den Kopf in die Höh`.
Das ist ein Sinn,
der mir gefällt.

Heidi, Hallo !
lustig und froh. - - -

(26. Febr. 47)

Kahn im Orkan

Auf den weiten, wilden Wogen
schwimmt mein kleiner Kahn.
Hin- und her und hingezogen
wird er vom Orkan.

Dreht sich, schaukelt, kentert fast;
dumpf der Donner grollt.
Tief hinein drückt ihn die Last
und die Woge rollt. –

War da nicht ein helles Lachen?
Oh, der Donner brüllt so hohl.
Und in meinen kleinen Nachen
schlägt die Welle wohl.

Gierig lecken weiße Schlangen
mir schon ins Gesicht;
wollen mir mein Herz wegfangen
doch ich fürcht` mich nicht.

Oh, so nah` ist nun mein Singen.
dicht an meinem Ohr
schöne Harfen dazu klingen.-
Zornig brüllt Gott Thor.

Prasselnd schlägt der kalte Regen
in mein kleines Boot.
Heiß fühl ich mein Herz erbeben.
Die Blitze sind so rot.

Horch, durch Wind und Sturmgebraus
tönt ein süßer Sang.
Ich schaue ins Gebraus hinaus
und mir wird so bang.
(17. März 47)

Die Zeit

Die Zeit ist Herr:
Der Mensch ist Knecht.
Die Zeit befiehlt:
Marsch, marsch, im Trab!

Los saust der Mensch
bergauf, bergab.
Durcheilt die Welt
mit Windeseile.
Ob er auch ruft:
Steh`, ach verweile!
Ruft hart die Zeit:
Marsch, marsch im Trab!
Mir nach, mir nach,
am Ende wartet schon das Grab.

(Karfreitag 4.4. 47)

Auferstehung

Die ehernen Osterglocken
tönen von allen Türmen.
Hell klingt uns ihr Frohlocken:
Zu Ende, zu End` alles Stürmen.

Zu Ende, zu End` alles Leiden.
Es naht eine bessere Zeit.
Die Welt wird besser werden,
Deutschland aus Elend befreit.

Jesu musste erst leiden.
Sie schlugen ihn an das Kreuz.
Wir haben genug auch gelitten;
verhasst ist, alles was deutsch.

Deutsche ! ans Werk unverzaget
mit Hammer, mit Axt und mit Hirn.
Deutsche ! Früh auf, gewaget !
Bietet allen trotzig die Stirn.

Dann wird die Zeit einmal kommen,
wo deutscher Geist wieder führt,
wo deutsche Arbeit geachtet;
der Haß aus der Welt sich verliert.

Auferstehung leuten die Glocken.
Deutschland, du wirst auferstehn,
wenn deiner Söhne Gedanken
auf friedlichen Wegen gehn.

(Ostersonntag 1947)

Und wir die nachgeblieben sind,
stehen traurig in dem Wind,
der weinend durch die Bäume geht
und von Vergangenem spricht,
ganz leis und birkenzart.-
Die andern aber wollen nicht
dass wir in aller Not die Art,
die uns aus Büchern lange schon
umweht, bewahrt,
die uns zu Dingen machen will
des lichten Seins und still,
bescheiden für das Leben zeugt
und sich nicht beugt
und sich nicht zwingen lässt;
ob auch die Birke heimlich spricht,
und trauernd wir vor alten Träumen stehen,
spüren, die wir nachgeblieben sind,
Hoffnung in dem leisen Wind.

Friedo gewidmet:

Auf tausend Straßen

die zum Leben führen
wälzen sich Kolonnen Sucher,
geißeln sich mit hundert Fragen
pochen an verschlossene Türen,
rufen in die öde Finsternis
welche einhüllt alle tausend Straßen
die vielleicht zum Leben führen.-
Manchmal ist ein Schrei zu hören.
War das Freude über eine Antwort?
Darf man denn das Glück betören
und sich einen Weg erlügen?-
Tag für Tag auf tausend Straßen
quälen sich Kolonnen Sucher
einen schmalen Pfad zu finden
der zum Leben führt.

Am Kornfeld.

Ganz leise rauscht das gold'ne Korn
im lauen Mittagssommerwind.
Der Halm wiegt sanft die reife Ähre,
so wie die Mutter wiegt ihr Kind.

Ein weises heimliches Geflüster
geht durch das reife Ährenfeld
schwingt weit hinaus ins Sonnenland
fliegt um die große schöne Welt;

ein Flüstern von der Kraft des Lebens.
Es rauscht das Korn ein altes Lied;
ein schlichtes Lied vor "Stirb und Werde",
das leise übers Kornfeld zieht.

Wenn dunkle Schatten ......

Wenn dunkle Schatten dich bestürmen
und legen sich auf deine Brust
mit kalter, schmerzender Gewalt
ergreifen ganz von dir Besitz,
dich füllend bis zur letzten Faser,
dass müde du dein Haupt musst neigen
ob dieser drückend schweren Last,
und wie Gespenster kommen
Gedanken, trübe, bleiern schwer,
vergiss nicht, dass die Sonne wieder scheint,
und Blumen sprießen aus der Erde,
und Bäume blüh' n im Hochzeitskleid,
wenn Licht und Wärme siegen.

Erde will ich wieder werden,
will ins Reich der Mütter sinken,
und mit heischenden Gebärden
aus den Lebensquellen trinken.

Meine Lippen will ich letzen
an den Bronnen, die dort rinnen,
mich mit kaltem Tau benetzen,
Kühlung meiner Stirn gewinnen.

Dann vielleicht als Baum mich heben
aus der Erde dunklen Grüften
oder gar als Wolke schweben,
regenschwanger, in den Lüften.

(Apr. 50, es existieren mehrere Versionen)

Innen

Jede Stunde, die uns aus dem Leben fällt,
werden wir uns einst trauervoll beweinen.
Und es fällt aus dieser Welt,
was lärmend sich belügt.
Möge Pracht sich mit den Worten einen
Und das Dasein hell im Glanz erscheinen,
schwankt der Mensch nur schwach und krank im
Winde,
schwimmt nur hohl am Rande dieses Seins,
und erstickt das Leben unter einer Rinde
harten, kalten Außenseins.
Innen aber brennt ein Feuer,
wärmt Dich schützend; ist das Leben,
das nach außen strahlt und leuchtet;
ewig wechselnd, leise wachsend, weben
Daseinsfäden stille, reine Innenherzen.-
Jede Stunde, die uns aus dem Leben fällt,
aber werden wir einst stumm beweinen.

Un-Zeit.

Im Schöße der Erde,
im Keime verborgen,
da schlief eine Knospe
im Ur allen Seins.
Ihr träumte, sie wüchse
und würde zur Blume,
erstrahlend im Kleide
harmonischer Pracht.
Und Strahlen der Sonne
umkosten die Blüte,
betäubende Düfte
durchwogen das All.....
Da kam ein Geselle
Mit eiskaltem Atem
Und blies auf die Knospe,
und die welkte und starb.

Der stille Schnee

schließt leise alle Wunden
wenn alles schläft
in dunkler, weicher Nacht.
Noch jeder Baum
hat seinen Platz gefunden
und hat dann sanft
die Blätteraugen zugemacht.
So wirst auch du die stille Stelle finden
wo sich dir leis'
das Sein zu eigen schenkt,
wo klare Ruh
und auch die überlinden
Hände-dieses Stilleseins
dir alle Wunden schließen.

Frei!

Wir fliegen so frei durch Auen und Wälder,
verschwunden sind Wolken und Sturm.
Für uns sind Wiesen und Weiden und Wälder,
für uns winkt vom Berge der Turm.
Für uns lacht die sonnige Ferne!
Sie lockt mit grünenden Hügeln und Bergen,
legt flimmernde Hitze zum Mittag aufs Land.
Und golden glänzt's Korn auf wiegenden Matten
Schlingt weithin ein leuchtendes Band.-
Die drückenden Sorgen sind alle vergessen,
ins Herz zog die Sonne nun ein,
und weit über Weiden und Wiesen und Wälder
liegt strahlender Sonnenschein.

Kleines Regenlied.

Regen rausche, rinne Regen,
rausche Regenmelodie
Spiele   stark die Blätterharfe,
singe Rauschgenie.

Rausche Regen, rinne, rausche
Dunklen Urgesang
Kleine Regenmelodie
macht das Herz so bang.

Tropfe, tränke Gras und Blumen,
rinne, rausche Regen.
Schöpfe tief aus dunklem Grund
Wachstum, reichen Segen,

Rinne, rausche, Regen rinne,
rausche Regenmelodie.
Spiele deine Blätterharfe
heut' so schön wie nie.

Auf tausend Straßen.......

Auf tausend Straßen
die zum Leben führen
wälzen sich Kolonnen Sucher,
geißeln sich mit hundert Fragen,
pochen an verschlossene Türen
rufen in die öde Finsternis
welche   einhüllt alle tausend Straßen
die vielleicht zum Leben führen.

Manchmal ist ein Schrei zu hören.
War das Freude über eine Antwort ?-
Darf man denn das Glück betören
und sich einen Weg erlügen ?-

Tag für Tag auf tausend Straßen
quälen sich Kolonnen Sucher
einer schmalen Pfad zu finden,
der vielleicht zum Leben führt.

Ein Neger spricht zum Weißen:

Im Wüstenland von Afrika
Hab ich das Licht erblickt;
Man hat mich darum ausgepeitscht,
in Sklaverei geschickt.

Ist meine Haut auch tief gebräunt,
mein Herz schlägt so wie deins
Ist dein Haus auch aus Stein gebaut,
es schützt nicht mehr als meins.

Ich bin ein Mensch wie Du es bist;
Ich hab die Freiheit lieb.-
Du, Weißer, hast uns kalt verkauft.
Dein Zauberwort hieß: Gib!

Tröstende Sterne

Die Augen der Nacht
sind alle erwacht.
Sie strahlen und leuchten
und blicken so tröstend
auf Erden herab.

Sie nicken so milde
(Änderungen von HH, kann ich nicht lesen! He. Klatt)
Den Leidenden zu.
sie lächeln so weise,
Sandkörnchen du.

Sandkorn, wie köstlich,
im Weltall zu sein,
Teil eines ganzen,
dein eigen gebein.

Sie sind des Einsamen
führendes Licht.
Er hebet zum Sternbild
Sein bitt'res Gesicht.

Jede Stunde die uns aus dem Leben fällt

Werden wir einst trauervoll beweinen.
Und es fällt aus dieser Welt
was lärmend sich belügt.
Mögen Pracht sich auch und Glück vereinen
und das Dasein hell im Glanze scheinen
dich und alles sein betrügt.
denn der Mensch schwankt krank im Winde,
schwimmt nur hohl am Rande wahren Seins
und erstickt das Leben unter einer Rinde
harten, kalten Außenseins.
Innen aber brennt ein Feuer,
wärmt dich schützend, ist das leben
das nach außen strahlt und leuchtet,
ewig wechselnd, leise wachsend, weben
Daseinsfäden stille reine Innenherzen.-
Jede Stunde die uns aus dem Leben fällt
aber werden wir einst stumm beweinen.

Zuspruch

Ist dir ein Leid geschehen
bitterschwer
und blicken sonnenleer
in deine Not die Stunden,
dann bette deinen Schmerz
tief in Verstehen ein
und fürchte nichts.
Gib freudig deinen Pfennig
dem ewig geschehen hin.
Und weher Schmerz und Not
erheben sich zum reinen Sinn.
Und feste Mauern
frieden deine Seele ein
in demutsvollen Schweigen.

Geschlecht aus dem Dunkel.

Sie kommen aus der dunklen Nacht der Not
und steigen auf aus Tiefen der Verachtung;
mit dem Blick auf's Werk
wollen sie das Licht erzwingen.
Furchtlos sind sie, ohne Zagen,
hart erprobt
in tausend Schlachten;
um ein bisschen Brot,
um ein wenig Licht
haben sie gekämpft,
jahrhundertlang!

(Dez.48)

Brüdersang

Lasst das Lied der Menschheit tönen,
Sang von Sonne, Brot und Arbeit.
Schmiedet Waffen aus den Worten,
Schwerter die den Schmerz besiegen.

Lasst das Lied der Menschheit brennen;
Ein Fanal der Freiheit aller!
Herz und Hirn der Menschenbrüder
Weiht für unser großes Wollen.

Lasst das Lied der Menschheit rufen!
Denkt an Darbende im Dunkel.
Brot, mein Bruder wächst für alle,
Gräser grünen auch für Dich!

Singt den Sang der großen Freundschaft,
die uns Brüder alle bindet;
lasst uns eine Brücke bauen,
damit Volk zu Volk jetzt findet.

                                        Apr. 1950

Im Schoße der Erde
schlief einst eine Knospe,
tief unten verborgen
im Ur allen Seins.
Es träumt ihr, sie wüchse
und würde zur Blume,
erstrahlen im Kleide
harmonischer Pracht.
Und Strahlen der Sonne
umkosten die Blüte,
betäubenden Duft
durchwoge das All.---
Da kam ein Geselle
mit eiskaltem Atem,
der blies auf die Knospe
die weinend erstarb.

(Nov.50)

1945

„Mutter, mich hungert,
mich hungert so sehr.
Hast du denn gar kein
Stück Butterbrot mehr?"

„Sei ruhig, mein Kind!
Es ist noch nicht Zeit.
Zum Mittag mach' ich
ein Stückchen bereit."

„Mutter, mich hungert,
mich hungert so sehr.
Hast du denn wirklich
kein Stückchen mehr?"

„Sei ruhig mein Kind!
Sieh, draußen ist's schön.
Willst Du nicht lieber
zum Spielen geh'n?"

„Ach, Mutter, mich hungert,
mich hungert so sehr.
Gib mir doch bitte
Ein Brotkrümchen her."---

Ich möchte leise meine Hände
wie weiche Rosenblätter sanft,
auf Deine lieben Augen legen
und Bösem jeden Eintritt wehren.

In dieser schweren Zeit
muß man die Blume hüten,
sie wie ein großes Heiligtum
anbeten und verehren.

Es muß die Blume bleiben,
und jener eitle Wahn vergehen
und reichen Blüten weichen.

Die Blume aber wird bestehen,
wenn wir mit schirmend stiller Hand
dem Bösen Eintritt wehren.

In stiller Sicherheit

ganz tief verborgen
vor der lauten Welt
trägst Du das Sein
und seinen Sinn
und trägst es gut und warm
wie einen großen Schatz
und trägst es schlicht und still.
Und diese Stille
ist die Krone,
welche Dich dem Leben gleichsetzt
mit Glanz und Weihe
schlicht und edel schmückt.

<u>Was soll das ?</u> oder der Rote Schwan
<u>6 Nicht-Gedichte</u>

Versuch einer Kritik jüngster DDR-Lyrik

ORTHOGRAPHIE

Nein
ich kann nicht
kleinschreiben.
Kleines
wird nicht groß
wenn man es
na ES:
Produkte
des bauchnabelnahen
Dichtungsbedürfnisses
- ja ja ist ja gut -
klein schreibt
glaube ich.
Und dann noch
ohne Punkt und Kommah !

REIM

1
Reime
müssen nicht sein.
Reimen
tut heute
höchstens noch ein
kleinbürgerliches
reaktionäres
kunstbanausisches
      Schwein.
(Ausnahmen bestätigen
den Schein.)

2
Generationen von deutschen Dichtern klagten,
es gäbe keinen Reim auf Mensch.
Warum - zum Teufel - sie es nicht wagten
- nach der Entdeckung Amerikas - mit Ranche?
Nun, Freunde, es gibt doch Reime !

3
Nun
Freunde
es gibt doch noch -
unleserlich[1]
Reime !
Warum denn
ach !
im Dünensand
immer nur
Mädchenbeine ?

---

[1] unleserliche Stellen haben wir gekennzeichnet R.K.

KUNST

Kunst
hat nichts
mit Können zu tun,
sondern ist
- Lyrik betreffend -
Reihung von Worten
möglichst sinnvoll oder kompliziert -
pubertäre Tauperlen
die
gutmütigen Kritikern
den real existierenden Sozialismus
verdichtet natürlich
transparent machen.

FRANZ MARC

Blaue Pferde
nun gut
soll er sie malen
meinetwegen grü-
ne.
Ich bleibe dann
lieber nur
Kunstbanause
und sehe
hundert - oder mehr -
Farbnuancen
in der
wirklichen Natur.

FÜR REINHARD

(betr. ndl 1981, H. 8, S. 125 f.)[2]

Der Schwan
Cygnus olor (Gmelin)
- Höckerschwan -
mein lieber Schwan
ist weiß.
Gut
daß Dein ROTER SCHWAN
kein Abbild
eines
rotweinversoffenen Kommunist-
en
ist.
Herbst und Tod
als ROTER SCHWAN.
Freundchen, Freundchen
beinahe so gut
wie die BLAUEN PFERDE
von ?
Na ja
ich Kunstbanause.

---

[2] gemeint ist Reinhard Weisbach, sein ehemaliger Chef; ndl: Neue Deutsche
Literatur (Zeitschrift)

"Offene Fenster"[3]

Zuschlagen
sollte man sie
wohl nich.
Aber
wer sucht eigentlich
ümmer
düse
Gedüchte
aus ?
Ei der Daus
Ei die Daus
(ohne Punkt und Kommah).

Und der Scherner
ist wohl Kärrner.
Blödsinn, Blödsinn
Freunde.
Dichten kann jeder
doch können
kann's
kaum eener.

---

[3] Offene Fenster – Gedichte junger Leute- Reihe aus dem Verlag Neues Leben Berlin

Dennoch

Dennoch: Freunde
macht nur weiter
auf der besch....
Lyrikleiter.
Wer weiß, wer weiß !
Eventuali-
ter
bekommt ihr dafür
gar noch einen Preis.

Neue Grammatik

Ich bin nicht ich,
und du bist nicht du.
Die Einzahl
ist ohne Bestand.

Du bist nicht ich,
und ich bin nicht du.
So trennend
ist die kalte Wand.
- -
Nur in der Mehrzahl
sind wir endlich
ich und du
und du und ich.

(24.10.67)

Pinnenschieterie

Ich bin ein Pinnenschieter,
die andern sind es auch;
´nen Punkt ham sie zum Kopfe,
ein Komma ist ihr Bauch.

Sie kramen in Papieren,
das ist so ihr Pläsier.
Und abends nach dem Dienste
Sind selber sie Papier.

Wir sind so Pinnenschieter
Wie könnt' es anders sein !
Papier, Papier ist alles,
des Daseins höchster Schrein.

Und wer nicht Punkt und Komma,
die Jahreszahl nicht acht',
der wird mit vielen Zetteln
ins Jenseits noch gebracht.

Datum unleserlich

Wenn bei Capri die rote Sonne im
Meer versinkt
und die ganze Adria nach Tank-
stelle stinkt
dann mache ich doch 'n Schnitt
wie ein Chirurg
und wandre aus - nach Mecklenburg !

14.8.98 Hans Heini Otto Paul usw.
im Ort des pr. Königs

Ich glaube nicht
an Gott, aber wenn es
ihn gibt, glaubt
Gott an mich
und alle Kreaturen
Und das ist Gnade
(Zettel ohne Datum)

Falls Todesanzeige

Nur Name und Daten, oben rechts:

      Ich sage, weil der Tod allein

      mich machet frey:

      dass er das beste Ding

      aus allen Dingen sey.

        Angelius Silesius

(Zettel ohne Datum, leider zu spät gefunden)

Plattdeutsche Gedichte

Barfoot gahn

Barfoot oewer Stoppeln gahn,
dat wier dat gröt'st Vergneugen.
Dat wier de Welt, dat wier dat Feld
bevör begünn dat Pleugen.

Daak, de sprüt'te bät an't Knei
wenn't morgens güng to' Ströpen.
De Häwen blau, de Sünn de lacht',
wer künn den sowat köpen ?

Dunntaumals wier dat all's anners.
Wat sall't ? De Welt geiht wierer.
Clever will'n die Lüd hüt sien.
Dunntaumals wier'ns bieder.

Doch segg ick un ick bliew dorbie:
Wat sall dat Drähnen denn von Geld ?-
De weit nich, wat dat Läben is,
de nie güng barfoot oewer't Stoppelfeld.

20.6.94

Voß un Haas seten up'n Brink
un keken sick de Saat an, woans
se wassen ded.
Dor säd Voß:
„Haas, ick segg di, de Steen wassen
ok. Wat seggst du dortau ?"
Haas kratzte sick an'n Kopp, säd
denn so'n bäten langtögsch:
„Tschä, ick weit nich, ob ick dat
glöw. Ick glöw öwer ok nich, dat ick
dat weit."

K.

Dat wier mal eins 'n Zägenlamm,
dat harr kein Böst un harr kein'n Kamm.

Dat sprüng nu ümmer struppig rum.
Mudder Zäg würd dat tau dumm.

Un dorum leckt'se batz un baff,
dat Lämmken mal sachtmäudig aff.

Nu wier dat Lamm ganz glatt un schier.
Zägenmudder geföll dat siehr.

Häst du kein Böst, fählt die süß wat,
gah tu dien Mudder, segg ehr dat.

H.H.K.

Voß un Haas tüffelten so an't

Grabenburt lang un keken
vör sick hen.
Dor seggt Haas:
„Dat is man gaud, dat Dummheit
kein Krankheit is."
„Woso", frög Voß.
„Nu, wenn dat so wier", säd Haas,
„denn kem menigein Voß gor nich
ut'n Krankenhus rut."
Ich weit nicht, worüm Haas dat säd,
un ick weit nich, wat Voß, de sick
ja ümmer vör'n bannig klauken
Minschen hölt, dortau säd. Oewer
ick weit, dat Haas ümmer noch läwt
un meist nich krank is. Un dat is
man gaud so.

K.

Dat Kuurn steiht riep

Dat is sowiet, dat Kuurn steiht riep.
De Treckers burren Dag un Nacht.
De Aust is dor, is hilde Tied.
is alls bedacht? Is alls bedacht?

Wenn sik ok ännert Gaud un Geld,
un hett dat alls 'n anner Plie;
un ännert sik de ganze Welt,
dat blifft dorbi, dat blifft dorbi:

Dat Kuurn steiht riep, dat Kuurn möt rinn,
dat Kuurn möt ünner Dack un Fack.
Süß hett dat allens keinen Sinn,
süß blifft dat alls bloß Droehn un Snack.

Dat Kuurn möt rinn, dat Kuurn möt rinn !
Dat is un blifft de Buernsinn.

Kl.

(14.8.71)

Felix Trottels gestammelte Lürick

Trottel dachte: was is das Läben ?
Er sann nach
und sagte dann:
na äben.

Dieß üst mein
bestes Gedücht !!!
XXX

Einstein

Felix Trottel war einmal
                    längere Zeit krank.
Er „hatte es" im Kopf.
Da erfand er die Relativitätstheorie
                    und nannte sich Einstein.
Alle glaubten ihm das.
Nur Otto Knall, als er Trottel
in der Klinik besuchte,-
hörte ihm erstaunt zu und
sagte dann:
Mensch, Felix, du bist
ja der Stalin der
                    Physik.

26.6.88

Stalinist und Nazi

Trottel erzählte Otto Knall:
Ein übrig gebliebener Stalinist
und ein übrig gebliebener Nazi
stritten sich, wer von beiden
der größere - ganz gleich worin -
            gewesen sei.
Der Stalinist, sagte Trottel, hatte
nach meiner Meinung recht.
Er sagte: Mensch, Fritz,
Hitler war nur der Arsch Stalins.

Rose und Nelke

Eine Rose blühte im Garten,
ganz engelseelenallein.
Sie wollte nicht länger warten
und künftig zu zweien sein.
Das war's !

So ganz verträumt flüsterte die Nelke:
bevor ich morgen sanft verwelke
möchte ich doch gerne wissen,
ob mich die Menschen dann vermissen. -
O nein, doch lieber nicht !

9.7.85

Beeren

Dem Felix faulten in seinem schönen Garten
alle Erdbeeren.
Er gab es auf
auf rote Reife der Beeren der Erde
noch länger zu warten:
Kann ich nicht essen die Beeren der Erde
mit Zucker und Milch,
esse ich eben die Erde ohne die Beeren;
wer will mir das verwehren ?

26.6.85

Friede

Ein grüner Mond
röhrt über einer roten Weide;
ein Regenwurm spinnt
aus Versehen Seide
in eines letzten Flusses
lila Nebenarm
grölt wüst ein gelber Kinderdarm:
ständig gefällig
in einer halbverfaulten
Hundekehle
planen leicht verschrumpfte Generäle
den folgenden Verteidigungskrieg
mit eingebautem Bestem Sieg.

16.2.86

Der Wiesel

Vor Jahren gab es einen Morgenstern,
der leuchtete - wahrscheinlich gar nicht gern -
am späten Abendhimmel.
Der setzte glatt auf einen Kiesel -
Was soll denn dieses Menschgewimmel -
einen hübschen kleinen Wiesel.
Es leuchtete der Abendstern;
der Wiesel hatte seinen Kiesel gern.
Lalelu !

13.5.85

Gicht

Der Trottel kriegte einst die Gicht,
denn welcher Mensch bekommt sie nicht ?
Was tat er da ? Was tat er da ?
Er ging zum Doktor Aberla.
Der pflegte Trottel dann gesund;
nun wiegt er wieder hundert Pfund.
Und sollte er noch gesünder werden,
dann werden sich die Pfunde mehren.
Was lehrt uns das ? Ich weiß es nicht !
Ich hatte noch niemals die Gicht.

Angeln

Als Trottel einmal angeln ging
und nicht das kleinste Fischchen fing,
da sagte er ganz quietschvergnügt:
das bloße Angeln schon genügt,
um mich in gute Stimmung zu versetzen.
Warum soll ich denn blöde wetzen,
um einen Fischschwanz zu ergattern ?
Heut gibt es Grippe, dunnemals waren's Blattern.
Am schönsten ist, wenn man nichts fängt,
obgleich man sich so angestrengt.
Denn fängst du nichts, brauchst Du nicht töten
und bist heraus aus Seelennöten.

26.6.85

Erfindungen

Als Felix Trottel Wissenschaftler werden wollte,
fühlte er sich wie die Witwe Bolte.
Er konnte sich nicht recht erinnern
an Wohn- und auch an Schlafenzimmern.
Er dachte deshalb ganz genau:
ich gehe studienhalber auf den Bau;
denn heute soll man dort erfinden,
die Technik bis zuletzt ergründen. -
Wie gesagt, so auch getan;
bald wurde er gar Oberspan.
Von einer Sitzung zu der andern
mußte er in Folge wandern
und über Finderkoller war viel des Redens
warum die Forschung so vergebens.
Felix schwieg; er sann und sann,
dann fragte er ganz freundlich an:
Ich weiß nicht, warum wir hier sitzen
und in dem öden Zimmer schwitzen. -
Wie wäre es, wir gingen schwimmen,
dann könnten wir vielleicht gewinnen,
was Einstein so ganz nebenbei gelang.
Erfinden ist nicht zu erfinden:
man muß den alten Blödsinn überwinden.
Man braucht dazu sehr viel Muße
und von der Muse einen Kuße !

3.7.85

Das war gewollt.

In einem Bachgeriesel
saß auf keinem Stein ein Wiesel;
denn dieser blöde Stiesel
lag im Bett mit Friesel.
      Das war gewollt.
Doch in einem Ozean
saß ein deutscher Pelikan
das hat in ihrem hehren Wahn
die Lorelei getan.
      Das war gewollt.
Du fragst nach einem Sinn ?
Die sind jetzt alle hin:
Wer hat den Bahnhof
    zum Käse gerollt ?
Die ganze Absicht ist doch gewollt !
      Das war gewollt.
Niemand hat den Bahnhof zum Käse gerollt.
Der hat da von selbst einmal hingewollt.

2.3.86

Sprichwörter aus der Walachai

Ein Schaf mit 2 Ohren ist mehr
als ein Wolf ohne Zähne.
Wer auf der Straße geht soll nicht
nach einem Weg suchen.
Als Gott das Huhn erschuf dachte
er schon an den Adler.
dachten die Menschen bei der
Zerstörung Carthagos
Ein Tag kommt nicht vor dem
anderen, jeder Tag kommt stets
nach dem vorigen.
Wenn es sein sollte wäre der
Himmel schon auf die Erde gefallen.
Morgenrot gibt es wie am Abend.
Es ist nachts dunkel weil es am Tage
hell ist.

Noch hat niemand bewiesen, daß
es keine Erde gäbe, wäre da die Sonne
nicht.
Das einzige Tier der Welt, das nicht
denkt ist der Mensch.
Würden die Menschen denken gäbe
es nur noch Engel.
Könnten die Menschen denken wären
alle am liebsten Blumen oder Tiere.
Kein Tier benutzt einen Krückstock.
Sollte der Mensch fliegen, dann hätte
er Flügel.

Fernsehen

Eines Tages sah der Felix Trottel fern;
das tat er oft und öfter gern !
„Was so ein kleiner Apparat
doch alles so zu bieten hat !"
Er sah Musik und hörte Drama,
erfuhr vom Nilpferd und auch vom Lama.
Das Auto kam auch nicht zu kurz,
Der Queen entfloh ein leichter Furz.
(Was macht das schon ? Entweder hat die Gattin
den Prinzregenten oder sonst die Rattin.)
Trottel interessiert das nicht;
wer ist denn so ein Spießwicht ?
Trottel drehte weiter an den Knöpfen;
er möchte aus dem Vollen schöpfen.
Was hörte er da von Angriffswaffen
zur Verteidigung nur anzuschaffen ?
Was hörte er da von dem Atom,
vom göttlichen Absalon ? - Nur eine Frage !
So ging es immer weiter und nich weiter;
Die blöden Menschen stellten an den Mond 'ne Leiter.
Das sah der Trottel und er schrie o weh !
Warum lernte ich nicht gut das ABC.

28.8.85

Die Orne

Felix Trottel wollte auch mal sterben -
jeder Trottel muß das mal -
und kaufte sich 'ne schöne Orne.
Die sah so aus wie eine Birne.
das reimt sich nicht, ist aber wahr.
Er legte sich nun in sein Bett
und dachte: Sterben ist doch auch ganz nett.
Doch nichts geschah,
er sterbte nicht und sterbte nicht,
er blieb der alte Trottel - Wicht.
Darob geriet der Felix doll in Rage
und machte aus der Orne eine Vase
Da stehen nun paar Tulpen drin,
die welken traurig vor sich hin.
Trottel aber froh und heiter
lebt tag- und täglich ständig weiter.

10. Okt. 85
Kl.

Der Beweis   Schlüssiger Beweis

Der Xylofant
läbt in dem Land
wo Sozialismus herrscht.
Das ist doch bekannt.

Denn bei den bösen Impralisten
kann ein Xylofant doch gar nicht nisten.

Gott

Gott, o Gott, sprach Felix Trott,
jetzt haben Nachbars auch 'n Gott.
Ich hörte, wie sie ihn benannt' ;
Sie beteten ihn an: Trabant.

26.6.85

Dem Felix fielen nach und nach die Zähne aus.
Er dacht so bei sich: Ei der Daus !
wie weise ist doch die Natur:
Sie nimmt mir die Zähne nur !
Wie sollte ich denn nur erraffen
und Pfennige fürs Leben schaffen,
wenn mir die Füße faulen täten
und sonstige Extremitäten.
Vielleicht sogar die beiden Arme
O du mein Gott, ach Gott erbarme.

4.7.85
KL.

Felix Trottel machte eine Zeitung
worin er schrieb, was so passierte.
Doch haperte es an der Verbreitung
was Trottel arg genierte.
Er dachte nach und kolportierte
fortan nur noch ganz große Lügen.
Nun ist die Trottelzeitung kaum zu kriegen.
Denn man kauft sie äußerst viel
und Trottel raucht nur noch Brasil.

(2.4.86)

1994 / 59 oder umgekehrt

Schon wieder ist ein Jahr vergangen;
es versank im Orkus.
Wir sahen es mit Angst und Bangen
verschwinden in dem Norkus.
(Norkus ist ein Kunstwort wegen
des Reimes; es hat keine weitere
Bedeutung !)
Hervor geht nun ein neues Jahr,
sozusagen taufrisch.
Natürlich wird's wie's immer war,
ein gottserbärmlich auwisch.
Und dennoch nehmen wir es an;
was soll'n wir sonst auch machen ?
Wir grüßen Dich, ob Frau, ob Mann,
mit Weinen und mit Lachen.
     Herzliche Glückwünsche
     zum neuen Jahr

     Otto Paul
Barläng (id est Berlin)
3111.12.9444

Inhalt